CRITIQUE DE MEROPE,

TRAGÉDIE DE M. DE VOLTAIRE.

QUAND la Tragédie de *Timocrate* eut été representée quarante fois de suite (d'autres disent soixante) Th. Corneille crut sans doute avoir fait une excellente œuvre de Théatre. L'illustre Copiste de M. Maffei, qui a donné au nôtre la Tragédie de Merope, est pour le moins aussi excusable, s'il juge de sa Piéce comme le cadet des Corneilles dut juger de la sienne. *Timocrate, Timocrate*, crioit le Parterre éblouï & séduit, toutes les fois qu'on annonçoit. Malgré un aussi éclatant succès, cette Piéce n'a jamais reparu, & on défie le plus courageux Lecteur d'en franchir deux Actes.

Tel ne sera pas apparemment le sort de la *Merope* nouvelle. M. de V. gagne toujours plus à être vendu que joué. Sa Tragédie, sous la forme & le nom d'*Amasis*, a eu plus de cent représentations. Combien encore n'en a-t-elle pas eu dans la Langue Italienne, malgré toutes les choses ri-

A

dicules que le Traducteur François a été forcé d'en retrancher. Ces pauvretés ultramontaines, n'ont eu garde, en bonne politique, d'être oubliées dans la Préface de M. de. V. adressée à M. Maffei même. On est seulement fâché de le voir faire tant de complimens à un Auteur étranger, qui a osé traiter le Théatre des François avec la derniere indignité, jusqu'à le qualifier d'*infamia Francese*. On n'est pas la dupe en Italie des politesses Françoises. La douçereuse Préface de M. de V. est cruelle pour l'Auteur Italien, auquel on ne déguise presque aucune des impertinences de son Ouvrage. La gloire de la statuë érigée à *l'homme vivant* est un foible dédommagement. L'Italien avoit pillé *Amasis*, & l'avoit défiguré. M. de Voltaire a revendiqué le larcin, & a restitué avantageusement à notre Nation ce qui lui appartenoit. Après tout, Merope est un sujet de tous les tems & de tous les païs, traité autrefois par Euridipe, & dont Aristote & Plutarque font mention.

Quelque honneur que cette superfétation dramatique ait fait à M. de V. dans l'esprit du Vulgaire, le Connoisseur trouve encore bien des choses à redire dans le Théme corrigé, surtout dans ce qu'il y a de neuf.

1°. Qu'est-ce que cet interregne, cette anarchie de quinze ou seize ans, que le Poëte suppose? L'Etat pouvoit-il être quinze ou seize ans sans Roi, sans gouvernement? On répondra que la Reine Merope gouvernoit, &

que Poliphonte étoit son Lieutenant Général. Mais puisque depuis quatre ans elle avoit des sujets si bien fondés de se défier de lui, suivant la lettre de Narbas (Act. 1. Sc. 1. p. 4.) que ne faisoit-elle périr cet homme dangereux, comme elle le pouvoit, étant revêtuë du pouvoir souverain. Quelque puissant qu'il fût, qu'en seroit-il arrivé à la Reine? Les ennemis de Poliphonte auroient été ses partisans. Voilà une Reine bien foible & bien timide. Elle sçavoit, par la même lettre, que son fils Egiste vivoit, ayant au moins 16 ans: que ne le faisoit-elle donc venir immédiatement après avoir fait périr Poliphonte? Egiste n'eût-il pas été aussi-tôt reconnu pour Roi par les Messeniens? Si la Reine croyoit Poliphonte soumis & fidéle, il est clair que puisqu'il étoit son deffenseur, & faisoit trembler tous les ennemis du trône, elle ne devoit pas balancer à faire chercher Egiste, même avant d'avoir reçu la lettre de Narbas.

Mais d'un autre côté comment Poliphonte, cet homme ambitieux, ce meurtrier du Roi Cresphonte, ce vainqueur de tous les ennemis de l'Etat, ne peut-il dans l'espace de quinze ans recüeillir le fruit de son crime? Cela est inoüi dans l'histoire, & absolument incroyable. Un scelerat, qui a osé tremper ses mains sacrileges dans le sang de son Prince, devoit dès-lors avoir sa partie liée; tout devoit être applani pour son usurpation. Voici cependant un homme, qui après avoir assassiné son Roi & égorgé la famille roïale, laisse vivre tranquillement la Reine qui la peut venger : il la laisse en repos pendant quinze ou seize ans après son parricide, & il est éloigné du trône durant tout cet intervalle de tems. Mais qu'a-t-il fait durant ces quinze ou seize années ? Il *a chassé les Brigands de Pylos & d'Amphryse*. Ce sont tous ses exploits. Ces Brigands devoient-ils l'empêcher de mettre la couronne sur sa tête ? Il n'y a aucune vraisemblance dans toutes les suppositions de l'Auteur.

2°. D'où vient cette curiosité, cet empressement de la Reine, pour voir un jeune homme arrêté comme coupable d'un meurtre ? Pour trouver cette curiosité digne d'une Reine, il faut supposer qu'elle avoit résolu de s'informer de tous ceux qui desormais tuëroient quelqu'un dans la Gréce : ce qui est ridicule.

3°. Quel est le sens de ce discours que Poliphonte tient à la Reine ? (Acte 1. Sc. 3.)

Vous êtes de nos Rois & la fille & la mere ;
Mais l'Etat veut un Maître. . . . .

Comment Merope est-elle *la mere* des Rois de Messene ? où sont ces Rois nés d'elle ? Cela ne se conçoit pas.

4°. La couronne de Messene étoit hereditaire : on en convient dans la Piéce. Si donc Merope a un fils, il n'a qu'à paroître ; dès-lors il est Roi, suivant la constitution de l'Etat. Il devoit être arrivé au moins quatre ans auparavant. Le

Peuple eût-il alors balancé à le proclamer ? Les jaloux ennemis de Poliphonte n'y auroient-ils pas donné les mains, pour l'empêcher d'envahir le trône à leur préjudice ? C'est en vain que Poliphonte dit à la Reine :

Ne vous y trompez pas, Meſſene veut un Maître
Eprouvé par le tems, digne en effet de l'être;
Un Roi qui la défende; & j'oſe me flatter
Que le Vengeur du Trône a ſeul droit d'y monter.
Egiſte, jeune encor, & ſans expérience,
Etaleroit en vain l'orgueil de ſa naiſſance :
N'ayant rien fait pour nous, il n'a rien mérité.
D'un prix bien different ce Trône eſt acheté.
Le droit de commander n'eſt plus un avantage,
Tranſmis par la nature, ainſi qu'un héritage :
C'eſt le fruit des travaux & du ſang répandu;
C'eſt le prix du courage, & je croi qu'il m'eſt dû.
Souvenez-vous du jour, où vous fûtes ſurpriſe
Par ces lâches brigands de Pilos & d'Amphryſe :
Revoyez votre époux & vos fils malheureux,
Preſqu'en votre préſence aſſaſſinés par eux :
Revoyez-moi, Madame, arrêtant leur furie,
Chaſſant vos ennemis, défendant la Patrie :
Voyez ces murs enfin par mon bras délivrés :
Songez que j'ai vengé l'époux que vous pleurez.
Voilà mes droits, Madame, & mon rang, & mon titre;
La valeur fit ces droits, le Ciel en eſt l'arbitre.

Pour faire voir que tout ce diſcours porte à faux, il ne faut qu'entendre ce que le même Poliphonte dit à ſon confident dans la Scene ſuivante :

S'il reſte un rejetton de la race d'Alcide,
Si ce fils tant pleuré dans Meſſene eſt produit,

De quinze ans de travaux j'ai perdu tout le fruit.
Croi-moi, ces préjugés de sang & de naissance
Revivront dans les cœurs, y prendront sa défense.
Le souvenir du pere, & cent Rois pour ayeux ;
Cet honneur prétendu d'être issu de nos Dieux ;
Les cris, le désespoir d'une mere éplorée,
Détruiront ma puissance encor mal assurée.
Egiste est l'ennemi dont il faut triompher.
Jadis dans son berceau je voulus l'étouffer :
De Narbas, à mes yeux, l'adroite diligence,
Aux mains qui me servoient, arracha son enfance.
Narbas, depuis ce tems, errant loin de ces bords,
A bravé ma recherche, a trompé mes efforts.
J'arrêtai ses Couriers, ma juste prévoyance
De Merope & de lui rompit l'intelligence.
Mais je connois le Sort ; il peut se démentir ;
De la nuit du silence un secret peut sortir ;
Et des Dieux quelquefois la longue patience,
Fait sur nous à pas lents descendre la Vengence.

On voit que la constitution du Royaume de Messene étoit une Monarchie héréditaire : par conséquent la Reine étoit sûre de voir son fils couronné, en le montrant aux yeux du Peuple. On ne dit point que Poliphonte fût descendant d'Hercule au moins par les femmes, ni qu'il eût au trône un droit apparent. Cette usurpation paroît donc impossible, tant qu'il reste un rejetton des Heraclides. Pourquoi donc la Reine a-t-elle tardé quatre ans à faire chercher son fils, & à le faire venir, depuis la lettre qu'elle avoit reçuë de Narbas ?

5°. Tout étoit plein de meurtres & de carnage en ce tems-là, dans le païs de Meſſene,

De crimes, de brigands ces bords ſont *infectés*. *
C'eſt le fruit malheureux de nos guerres civiles.

dit Euriclès à Merope (Act. 1. Sc. 1.). D'où vient donc ces allarmes & ce trouble de la Reine, à la nouvelle d'un aſſaſſin arrêté ? Voilà encore une ſuppoſition qui n'a rien de naturel & de vraiſemblable.

6°. Le meurtrier eſt amené devant Merope, qui, quoiqu'on puiſſe lui dire, a ſur cela une invincible opiniatreté, dont elle ne peut rendre raiſon. On a beau lui repréſenter que ſa curioſité eſt indécente & vaine. Elle ne répond autre choſe, ſinon *je le veux, je le veux* ; c'eſt qu'il lui eſt impoſſible de rien alléguer de raiſonnable, qui puiſſe juſtifier ſon biſarre empreſſement. Encore ſi on lui avoit dit qu'Egiſte ſon fils étoit en chemin, pour arriver à Meſſene avec Narbas. Mais elle n'en a aucune nouvelle depuis quatre ans, à ce qu'elle dit elle-même. Merope croit même que ſon fils eſt bien loin (Act. 1. Sc. 2.)

De rivage en rivage
Inconnu, fugitif, & partout rebuté,
Il ſouffre le mépris qui ſuit la pauvreté.

7°. La Scene d'Egiſte preſenté à la Reine eſt élégante & touchante. Mais pourquoi ce jeune homme, en avoüant ſon crime, dit-il :

Ignorant de quel ſang j'avois rougi la *terre*,

* L'Auteur a voulu dire *infeſtés*.

Craignant d'être puni d'un meurtre *involontaire*, *
J'ai traîné dans les flots ce corps ensanglanté.
Je fuyois : vos Soldats m'ont bientôt arrêté.

8°. Est-il sensé de supposer qu'Egiste, après s'être défendu, & avoir tué un injuste aggresseur, s'avise de traîner son corps, & de le jetter dans la riviere? Pourquoi cette circonstance bisarre? Etoit-il nécessaire de copier l'Auteur Italien, qui ne l'a feinte ridiculement, que pour placer ici la noble description du bruit que fait un corps pesant, jetté du haut d'un pont dans une riviere? Cette action de jetter ainsi un cadavre dans l'eau devoit paroître dangéreuse au meurtrier. Egiste avoit-il en ce moment perdu la raison? Une telle pensée ne viendra jamais à un homme, qui s'étant bravement défendu contre des voleurs, pendant la nuit, sur le Pont-Neuf, en auroit tué un. Cela n'est jamais arrivé, & n'arrivera jamais. La supposition heurte donc la vraisemblance, & ne peut être justifiée que par l'autorité du Marquis Maffei, ce fleau terrible de notre Théatre François.

9°. Je ne comprends rien à cette armure que Narbas avoit emportée lorsqu'il s'enfuit de Messene, & qu'Egiste, après avoir tué son ennemi, a jettée pour n'être point connu. Quel est le vrai motif de cette action? On ne le dit point. C'est que cette armure jettée, (on ne sçait pourquoi) sera ramassée, & servira dans la suite.

11°. Mais voici quelque chose de bien plus

* Est-ce là rimer? c'est un *vers blanc*.

extraordinaire. La Reine, & Poliphonte même, croyent que ce jeune homme est le meurtrier d'Egiste. Pourquoi le croyent-ils ? Je n'en sçais rien ; il n'y en a pas la moindre raison : à moins qu'on ne dise que c'étoit alors la mode de croire sans examen tout ce qu'on disoit au desavantage d'autrui. On étoit donc alors follement & méchamment crédule. Merope & Poliphonte font ici le personnage de deux gens sans équité & sans cervelle. Ils croyent que le pauvre accusé est coupable, précisément parce qu'il est accusé, sur le prétexte le plus vain & le plus puéril. Nous allons voir les beaux incidens nés de cette sotte crédulité.

11°. D'abord la Reine veut faire elle-même le métier de Bourreau, & avoir le plaisir de tuer de sa main roïale le prétendu meurtrier de son fils. Car elle n'a pas sur cela le moindre doute. *Je veux*, dit-elle, *que ma main porte le coup mortel, je le veux*. Ainsi finit le second Acte. Le Spectateur s'attend à voir dans le suivant la Reine juger, condamner, & exécuter elle-même le coupable. Le troisiéme Acte s'ouvre par l'apparition soudaine de Narbas, le tuteur, le pere simulé d'Egiste. Le malheureux Narbas ne sçait ce qu'est devenu son pupille, il cherche par tout. Il pénétre enfin jusques dans le lieu le plus secret du Palais. Est ce là qu'il devoit chercher son éléve égaré ? La Reine s'étant retirée dans ce lieu pour n'y voir personne, comment Narbas peut-il y être parvenu ? Cette

Reine n'avoit-elle ni Gardes, ni Domestiques à la porte de son appartement ? Quoiqu'il en soit, une femme de la Reine le rencontre & le trouve, comme de raison, fort téméraire, de venir ainsi troubler insolemment la solitude de la Reine, triste & gémissante à la vûë du tombeau de son époux. Cependant ce qui excuse Narbas, est qu'on dit quelques vers plus bas, que cette tombe étoit entourée de monde :

Je vois près d'une tombe une foule éperdue.

Il faut passer à l'Auteur cette petite contradiction, qui ne blesse que la Logique.

12°. Dans la seconde Scene de cet Acte, il s'agit de juger le prétendu Criminel. On garde d'abord quelque forme de Justice : on veut bien l'entendre, & on l'interroge. Cela est conforme au droit naturel. Mais l'interrogatoire paroît assez inutile ; car on ne lui objecte rien que de frivole. Celui qui veut absolument condamner un innocent, ne manque jamais de quelque prétexte ; témoin la Fable du Loup & de l'Agneau. Cependant l'Accusé n'avoüe rien ; la candeur de ses réponses manifeste sa parfaite innocence. Il n'importe : on le menace, on l'accable d'injures, on le condamne, & tout de suite la Reine est sur le point de le poignarder. Belle façon d'exécuter un criminel ! L'histoire offre-t-elle rien de pareil ? Si la Reine, dans sa fureur, dans un premier mouvement, eût voulu poignarder celui qu'elle croyoit l'assassin de son fils, cela eût été plus naturel.

Notumque furens quid fæmina possit.

Mais qu'après l'avoir entendu, après lui avoir fait, pour ainsi dire, son procès, après l'avoir interrogé & condamné, elle se jette sur lui, comme une bête féroce, cela est affreux, & forme un spectacle extravagant. Cependant le Parterre, dont la plus grande partie est peuple, pour ne rien dire de plus, a trouvé cela admirable & très-touchant. Le Parterre ne raisonne jamais contre celui qui sçait émouvoir ses sens; quand l'Acteur paroît ému, il s'émeut: c'est un vrai Cameleon, qui prend toutes les couleurs qu'on approche de lui. Le Lecteur au contraire, assis sur un tribunal tranquille, raisonne contre la Piéce & contre les Acteurs, & se moque de ce qu'il a eu la foiblesse d'aplaudir au Théatre. En verité rien n'est plus *sislable*, que la construction folle de la Mérope de M. de Voltaire.

13°. Que le malheureux Accusé a bien raison de dire ici!

A la Cour de ces Rois telle est donc la Justice,
On m'accueille, on me flatte, on résout mon supplice.

Pouvoit-il, helas! s'attendre à être ainsi traité, après s'être vû l'objet des bontés de Merope? Un simple oüi dire, un indice le plus superficiel & le plus vague renverse la tête de la Reine: de favorable qu'elle étoit, elle devient tout à coup ennemie furieuse & implacable. Quel vertige! On objecte l'armure jettée, & l'Accusé répond qu'elle est à lui. Cette réponse naturelle ne devoit-elle pas ouvrir les yeux de la Reine? Il faut qu'elle soit bien folle, pour soutenir toujours, sans aucune preuve, que c'est l'armure de celui qu'il a tué. Pourquoi aussi la laissoit-il sur le chemin? Pourquoi la perdoit-il? L'Auteur l'a supposé sans raison, afin de pouvoir aussi sans raison faire condamner l'Accusé. Cependant lorsqu'il dit que dans le combat il l'a perduë, on croit qu'il ment. Car pert-on une armure, à moins qu'on ne soit vaincu & dépoüillé? Non sans doute. C'est le Poëte qu'il faut ici condamner, & non l'Accusé.

14°. Enfin la verité se dévoile aux yeux de Merope, & cette Scene est belle ; tout ce qui suit est touchant, sur-tout la seconde Scene du quatriéme Acte. Quoi de plus frapant que ce coup de Théatre où Egiste est près d'être immolé par l'ordre de Poliphonte, & où Merope s'écrie : *Barbare, il est mon fils.* Mais ce coup de Théatre est pillé mot à mot dans *Amasis*. En verité ce larcin est trop grossier. Voici sur cet endroit des difficultés qui s'offrent à mon esprit.

Il me paroît incroyable que Merope, qui, quelques heures auparavant étoit Reine de Messene, n'ait plus ni autorité ni crédit ; qu'elle ait perdu en un moment tous ses amis, tous ses partisans ; en sorte qu'elle soit obligée de se mettre à genoux devant Poliphonte, qui n'est Roi que depuis une heure. Elle avoit quelque tems auparavant un poignard, dont elle étoit prête de percer Egiste, qu'elle méconnoissoit. Pourquoi n'en a-t'elle pas un à present? Pourquoi ne s'en sert-elle pas dans une occasion où il s'agit de sauver la vie à son fils, que l'odieux

Tyran veut faire mourir? Quels reproches les Messeniens eussent-ils faits à Merope, si elle eût puni l'Usurpateur, qui ne devoit pas encore être affermi sur le Trône, où il étoit à peine monté? Merope dit elle-même quelque tems après, avec un courage qu'elle eût dû montrer plûtôt:

Et bien, le désespoir m'a rendu mon courage;
Courons tous vers le Temple *où m'attend mon outrage*.
Montrons mon fils au peuple, & plaçons-le à leurs yeux
Entre l'Autel & moi, sous la garde des Dieux,
Il est né de leur sang, ils prendront sa défense;
Ils ont assez long-tems trahi son innocence.
De son lâche assassin je prendrai les fureurs,
L'horreur & la vengence *empliront* tous les cœurs.

Si Merope eût donc poignardé le Tyran au moment qu'il vouloit lui enlever son fils pour le faire mourir, ce coup d'audace eût assurément réussi. L'horreur & la vengence eussent *empli* tous les cœurs. Egiste lui-même ne craint point de dire au Tyran que *son bras l'eût puni, s'il n'étoit désarmé*. Eh! que Merope ne l'armoit-elle en ce moment?

Qu'il faut avoir d'indulgence pour admettre de la vraisemblance dans de pareils évenemens dramatiques! Mais le spectacle frape & éblouit; le sentiment l'emporte, & on est sourd à la voix du bon sens. Le spectateur, si je l'ose dire, est un Automate, qui ne pense point, qui ne raisonne point, quand le Théatre lui offre des objets qui l'excitent. Esclave de ses sens extérieurs, son sens intérieur en est toujours la dupe. Il pleure parce que l'Acteur pleure; il s'attendrit, il s'afflige, sans voir que le personnage qu'il voit s'attendrir & s'affliger, ressemble quelquefois à un enfant qu'un rien fait pleurer & gémir. Aussi les connoisseurs, les personnes sensées ne s'arrêtent jamais au suffrage des spectateurs. C'est toujours au silence du cabinet qu'ils en appellent. C'est-là que Corneille & Racine sont constamment applaudis, & que certains Poëtes modernes, mis au creuset, se voyent dépouillés de cette fausse gloire, dont des suffrages aveugles & souvent mendiés les avoient follement revêtus.

15°. Mais le comble de la déraison dans cette Piéce est la conduite du redoutable Poliphonte, ce Tyran si ennemi du sang de Cresphonte, qui depuis seize ans ne cherche qu'à faire périr Egiste. Il tient en sa puissance cet Egiste: il peut le faire périr: il en a un prétexte apparent, en persistant à le croire l'assassin du fils de la Reine, & il le laisse vivre. La Reine lui dit que c'est son fils: il la croit sur sa parole, sans lui demander comment elle le sçait. Il veut devenir son protecteur & lui garder sa Couronne, sans craindre qu'il la lui arrache. En vérité cette supposition est insensée.

Je ne perdrai point le tems à critiquer le cinquième Acte. Le spectateur en a été peu content, & je n'aprends ici rien au Public, en lui disant qu'il est mauvais. Le récit épique de la mort de Poliphonte est ridicule & déplacé. Il est même contre les propres principes de l'Auteur, qui dit lui-même dans sa Préface que les Acteurs ne doivent jamais être des Poëtes.

Je n'examinerai point la diction ni la versification de M. de V. Il y a certainement dans cette Piéce un grand nombre de vers harmonieux ; mais il en est aussi de médiocres & de mauvais. M. de V. dans tous ses Ouvrages ressemble au Tintoret, ce fameux Peintre de l'Ecole de Venise, dont les Italiens ont dit, qu'il avoit trois pinceaux: *tre penelli, uno d'oro, uno d'argento, altro di ferro.* C'est avec ces trois pinceaux qu'a été travaillée la *Henriade* : le seul *Oedipe* est l'ouvrage du pinceau d'or. Alors M. de V. ne sçavoit faire que de bons vers. Cependant on sent toujours l'homme d'esprit & le grand Ecrivain dans tout ce qui part de lui : c'est qu'il possede l'*art d'être éloquent en vers*, art le plus difficile & le plus rare. »On trouvera, dit-
» il avec raison, mille génies qui sçauront arran-
» ger un Ouvrage, & le versifier d'une maniere
» commune : mais le traiter en vrais Poëtes, c'est
» un talent qui est donné à trois ou quatre hom-
» mes sur la terre «, dont je suis un.

On est charmé de voir dans cette Préface que M. de V. soit le fidéle écho de M. Rousseau ; car c'est d'après lui * qu'il distingue l'*amour* de la *galanterie*, & qu'il justifie sur cela le Théatre de Racine. » Ne croyez
» pas, dit-il, que cette malheureuse coutume d'accabler
» nos Tragédies d'une épisode inutile de galanterie, soit
» due à Racine, comme on le lui reproche en Italie. C'est
» lui au contraire qui a fait ce qu'il a pû pour réformer

* Voyez les Lettres de Rousseau, dans la grande édition de Bruxelles.

» en cela le goût de la Nation. Jamais chez lui la paſſion
» de l'amour n'eſt épiſodique : elle eſt le fondement de
» toutes ſes piéces; elle en forme le principal intérêt.
» C'eſt la paſſion la plus théatrale de toutes, la plus fer-
» tile en ſentimens, la plus variée : elle doit être l'ame
» d'un ouvrage de Théatre, ou en être entierement ban-
» nie. Si l'amour n'eſt pas tragique, il eſt inſipide : il doit
» regner ſeul ; il n'eſt pas fait pour la ſeconde place. «

M. de F. penſe que Corneille eſt le ſeul qui ait traité
l'amour comme on le doit traiter : qu'il liſe ce qui ſuit.
» C'eſt Rotrou, c'eſt le grand Corneille même, qui en
» créant notre Théatre, l'ont preſque toujours défiguré
» par ces amours de commande, par ces intrigues galan-
» tes, qui n'étant point de vraies paſſions, ne ſont point
» dignes du Théatre. « C'eſt pour cela, ajoute-t'il, qu'on
joüe ſi peu de piéces de P. Corneille. Les idées de M.
Rouſſeau & de M. de V. ſur l'amour dramatique ſont
bien differentes de celles de M. de F. dans ſa Poëtique.

Je ne dirai rien de deux autres écrits, qui ſe trou-
vent à la queue de Merope & qui la rehauſſent. A quoi
vient cette eſpéce d'incurſion qu'il fait au ſujet de la
Voltairomanie, qui fut une hoſtilité par repreſailles, & au
ſujet du Mémoire de Jorre Libraire de Roüen ? Ne voit-
on pas que ce *déſaveu* & cette *Lettre* ſont poſtiches &
mandiés ? Quelle impreſſion font ſur le Public de pa-
reilles piéces, en les ſuppoſant réelles ? car on en doute.
Il ſeroit bien plus avantageux pour M. de V. qu'il pût
prouver que ces deux écrits ne renferment point des
vérités. Pour moi j'en ſuis perſuadé; mais il ſeroit à ſou-
haiter que chacun le fût comme moi, qui malgré cette
Critique ſuis du nombre de ſes partiſans.

www.ingramcontent.com/pod-product-compliance
Lightning Source LLC
Chambersburg PA
CBHW071446060426
42450CB00009BA/2310